給孩子的趣味中國史

夏・商・西周

陳麗華　主編　　　冷忠河　繪

給孩子的趣味中國史

夏・商・西周

陳麗華 主編　　　冷忠河 繪

責任編輯	➤	王　　玫
裝幀設計	➤	綠色人
排　　版	➤	陳美連
印　　務	➤	劉漢舉

出版　中華教育

香港北角英皇道 499 號北角工業大廈 1 樓 B
電話：（852）2137 2338　傳真：（852）2713 8202
電子郵件：info@chunghwabook.com.hk
網址：http://www.chunghwabook.com.hk

發行　香港聯合書刊物流有限公司

香港新界荃灣德士古道220-248號荃灣工業中心16樓
電話：（852）2150 2100　傳真：（852）2407 3062
電子郵件：info@suplogistics.com.hk

印刷　美雅印刷製本有限公司

香港觀塘榮業街 6 號海濱工業大廈 4 字樓 A 室

**版次　2019年9月第1版第1次印刷
　　　　2021年4月第1版第2次印刷**

©2019 2021 中華教育

規格　16 開（205mm x 170mm）

ISBN　978-988-8573-45-5

目錄

夏朝
故事的起點（上） ⋯⋯⋯⋯⋯ 4
故事的起點（下） ⋯⋯⋯⋯⋯ 6
第一個王朝的誕生 ⋯⋯⋯⋯⋯ 8
帝君流浪記 ⋯⋯⋯⋯⋯ 10
夏人的一天 ⋯⋯⋯⋯⋯ 12
迷信的王朝 ⋯⋯⋯⋯⋯ 14
暴君出現啦 ⋯⋯⋯⋯⋯ 16

商朝
英雄惜英雄 ⋯⋯⋯⋯⋯ 18
做個好孩子 ⋯⋯⋯⋯⋯ 20
厲害的商王朝 ⋯⋯⋯⋯⋯ 22
王后的多重祕密身份 ⋯⋯⋯⋯⋯ 24
商王們的那些事兒 ⋯⋯⋯⋯⋯ 26
動盪的年代 ⋯⋯⋯⋯⋯ 28

西周
站在巨人肩上的周朝 ⋯⋯⋯⋯⋯ 30
諸侯是甚麼 ⋯⋯⋯⋯⋯ 32
天下歸心 ⋯⋯⋯⋯⋯ 34
跟着樂聲起舞吧 ⋯⋯⋯⋯⋯ 36
連年吃苦的百姓 ⋯⋯⋯⋯⋯ 38
相國與王的故事 ⋯⋯⋯⋯⋯ 40
西周搬家啦 ⋯⋯⋯⋯⋯ 42
詩經的故事 ⋯⋯⋯⋯⋯ 44

世界大事記 ⋯⋯⋯⋯⋯ 46
夏・商・西周 大事年表 ⋯⋯⋯⋯⋯ 48

故事的起點（上）

盤古開天

很久很久以前，天地還未分開。在宇宙混沌中，有個叫盤古的巨人，用斧子劈開了宇宙。只聽「啪」的一聲巨響，天地分開了，我們的故事也開始了！

女媧（wā）造人

天地開闢後，日月星辰、山川草木、鳥獸蟲魚都有了，卻唯獨沒有人。上古天神女媧就照自己的樣子用黃土和水造出了一個個小泥人。從此，大地上便有了人類。

畫個甚麼好呢？

伏羲（xī）畫卦

遠古時期，人們的思想還未開化，對大自然知之甚少。有個叫伏羲的部落首領常常思考天地奧祕。

一天，他看到了龍馬飛騰的景象，終於領悟世間萬物運轉的奧祕，他將這奧祕總結為八卦陣，幫人們認識自然。

4

燧（suì）人取火

很早以前人們吃的東西都是生的，直到燧人氏發明了鑽木取火的方法，人們才學會用火來燒東西吃。

> 我們可以吃熟食了！

> 這草，有毒！

神農氏嘗百草

當時的人們生了病都不知道該怎麼辦，於是神農氏親嘗百草，發明了用草藥治病的辦法。現存最早的中藥學著作《神農本草經》傳說就是神農氏首創的。

黃帝統華夏

中原各部落之間戰亂不斷，這時黃帝打敗蚩（chī）尤的部落，統一了華夏（中國古稱）。《黃帝內經》是中國綜合論述中醫理論的經典著作，相傳為黃帝所寫。

倉頡（jié）造字

以前的人們沒有文字，想要記事，便在一條繩子上打結，能記錄的事情十分有限。後來，黃帝的史官倉頡受到龜背紋理、星宿軌跡、鳥獸爪痕的啟發，創造出文字，提高了人們記事的能力。

樂官伶（líng）倫

相傳黃帝命樂官伶倫作音律，伶倫根據鳳凰的鳴叫，利用竹管定了十二律。然後他又定出五音，分別為宮、商、角（jué）、徵（zhǐ）、羽。

故事的起點（下）

嫘（léi）祖養蠶繅（sāo）絲

嫘祖是黃帝的妻子，傳說她發明了種桑養蠶的技術，又教會人民養蠶、織絲和製衣，人民的生活變得更好了。

嫘祖的繅絲步驟圖：

❶ 養育蠶種

❷ 待蠶長大結繭後，收起蠶繭

❸ 蒸煮蠶繭，抽出蠶絲

❹ 在織布機上用蠶絲織絲綢

共工怒觸不周山

傳說水神共工與顓頊（zhuān xū）為爭奪帝位進行了驚天動地的大戰。共工失敗後發怒，用頭撞不周山（天柱），使得天傾斜，地塌陷，日月星辰移動，河水開始朝東南方向流去。

羲和浴日

傳說天帝與女神羲和一起生了十個太陽。太陽們住在扶桑樹上，每天輪流值班，照耀大地。媽媽羲和常到甘淵為十個太陽洗澡，還會駕車接送每天要值班的太陽。

6

看我的！

后羿（yì）射日

一天，十個太陽一起出現在天上。莊稼草木都被燒焦了，人們沒有了吃的，怪獸也趁亂跑出來禍害人間。后羿為了拯救天下眾生，便用弓箭把九個太陽都射了下來，而留下的那個現在就掛在我們的頭上。

帝位是你的了！

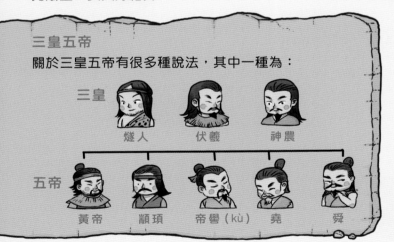

丹朱

堯（yáo）與禪（shàn）讓制

部落首領堯年紀大了，開始為部落選擇新的首領。他知道兒子丹朱頑皮，不適合當領袖，便把帝位讓給了賢能的舜，還把女兒娥皇、女英嫁給舜。

三皇五帝

關於三皇五帝有很多種說法，其中一種為：

三皇　燧人　伏羲　神農

五帝　黃帝　顓頊　帝嚳（kù）　堯　舜

青銅神樹

青銅器，為太陽神鳥（三足金烏）棲息在扶桑樹上的造型

后稷（jì）種植

后稷被稱為「農耕始祖」，他從小就喜歡種麻、菽（shū）。長大後，由於善種穀物稼穡，他開始教百姓種莊稼。他也是最早種稷（小米或高粱）和麥的人。

第一個王朝的誕生

禹王碑
讚頌大禹治水功績的石碑

大禹治水
人間洪水滔天，給百姓造成了很大的威脅，為了解救百姓，大禹奉舜的命令去治水，一治就是 13 年。為治水，他 3 次路過家門都沒有進去。大禹治水成功後，舜決定讓大禹成為他的接班人。大禹也成了第一個王朝——夏朝的君主。

他是壞人！

候人兮猗——
（等你呀！啊～）

塗山氏
大禹的妻子，相傳是創作了第一首被記錄下來的情詩的人

皋陶（gāo yáo）制定刑法
皋陶是大禹的臣子，負責掌管刑法。相傳他有一頭獨角獸，名叫獬豸（xiè zhì），獬豸能夠分辨善惡，常幫皋陶判案，牠能看出誰是壞人，然後牠會用角把壞人觸倒，由此皋陶可以判斷出誰是真正的犯人。

音樂助治國

大禹成為首領後，打敗了三苗部落，然後做了一件很有創意的事。大禹曾讓人在門口設了鐘、鼓、磬（qìng）、鐸（duó）、鞀（táo）五種樂器，並告訴人民：教他道理的可以擊鼓，向他講明義的敲鐘，告訴他事情的搖鐸，通知他憂患的擊磬，告狀的可以搖鞀。

為甚麼不選我。

王朝的誕生

大禹想把首領之位傳給皋陶，不料皋陶去世了。於是大禹打算傳位給皋陶的兒子伯益，可大家都不願意跟隨伯益，反而跑去大禹的兒子啟那裏。於是啟成了新的首領。從此，王位的傳承由重視「才能」變成重視「血緣」，世襲制替代了禪讓制。

啟偷偷上天去學曲

禹的兒子啟非常喜歡歌舞，傳說他曾騎龍上天 3 次，終於學會樂曲《九辯》與《九歌》。後來《九歌》成為夏朝祭祀用的歌曲。

帝君流浪記

另一個「后羿」來了

啟的兒子太康繼位後，只知遊玩，最喜歡打獵，不理朝政，於是逐漸失去人民的支持。後來，有窮氏的首領后羿趁太康出去狩獵，奪走了他的國家。

兵器

夏朝兵器的刃以骨質或石質為主

弟弟變傀儡（kuǐ lěi）

后羿害怕民眾不服自己，就立太康的弟弟仲康為君主。等仲康死後，后羿又把仲康的兒子相趕走，自己當了王。後來，后羿也開始和太康一樣打起獵來，家臣寒浞（zhuó）趁機收買人心，最後殺死了后羿，自己當王。

狗洞救性命

寒浞找到被趕走的相後，殺死了他，相的妻子趁亂從後院的狗洞逃跑，保住了性命和肚子裏的孩子。

聽媽媽的話

後來相的妻子生下兒子少康，並告訴他要努力學好本領，將來為父報仇。少康聽了母親的話，一直勤學苦練，打算奪回王位。為躲避寒浞兒子澆的追殺，少康投奔了有虞氏。有虞氏很欣賞他，送他田地、子民，讓他掌管飲食，甚至還把兩個女兒嫁給了他。

今天做甚麼好呢？

我要都記下來，告訴大王。

史上第一女間諜

少康開始謀劃復國，他派出間諜女艾去澆那裏打探消息。女艾為少康打探消息的同時還取得了國君澆的信任，為少康提供了許多有用的情報。

少康中興

少康召集舊臣消滅澆，又打敗寒浞，終於成功復國。夏朝在少康的統治之下，又開始興盛起來，史稱「少康中興」。

夏人的一天

夏曆
傳說夏人創造夏曆，把一年分為十二個月，並設置二十四節氣，便於農事活動。

餓肚子的夏人
夏朝農業還不發達，人們一天只能吃兩頓飯。百姓吃黍（shǔ）、粟、稷、稻煮成的粥，貴族可以吃米飯。除了吃穀物外，夏人也會外出打獵。

打獵
人們會用骨叉插魚、箭射獵物的方式打獵。

製作青銅器
夏朝已經出現青銅器了，某些青銅器的外形和陶器類似。青銅器分酒器、食器、水器、樂器和兵器等。

杜康釀酒

少康又叫杜康，相傳他在擔任掌管飲食的官時，發明了釀酒技術，中國的酒文化就這樣開始啦。

奴隸制

夏朝是奴隸制國家，貴族往往能通過戰爭俘虜很多奴隸。這些奴隸會照顧貴族的起居、替貴族幹農活等，有時還會成為貴族的殉葬者。

不用光屁股了

有了骨錐和骨針後，人們開始製作衣服。夏人已經學會用麻布、絲織品等材料製成衣服。

陶鬲（lì）

夏人使用陶鬲做飯，加入糧、水後，再在陶鬲下生火將飯做熟。

13

迷信的王朝

戰甲的發明

少康死後，他的兒子杼（zhù）為完成他的遺願，決心攻打東夷。杼用獸皮製作戰甲，又製作出矛做武器。

九尾狐

杼東征勝利後，得到一隻九尾狐。九尾狐原本是西王母身邊的瑞獸，牠的到來象徵着天下將出現太平盛世。後來夏朝果然在杼的統治下進入鼎盛期。

明明是我的九尾狐！

迷信的帝王

杼的孫子芒繼位後，發明了沉祭（祭祀黃河之神的儀式）。他把豬、牛、羊沉入河中後，還把舜送給祖先大禹的「玄圭」（一種黑色的玉器）也沉入河中，以表虔誠。

河神

看來和平盛世要來了。

看我捉到了一條大魚！

謝謝哥哥。

弟弟，王位是你的了。

局

不降

河神的報答
沉祭結束後，芒跑到東海去玩，結果捕到了一條大魚，群臣都認為這是河神所賜，可保天下太平。

當兄弟的好處
上古的世襲制，傳位一般是父親傳給兒子，但有時也可傳給弟弟，或者弟弟的兒子、哥哥的兒子。

父親為甚麼不傳位給我！

夏朝在位時間最長的君主不降就把王位傳給了弟弟。雖然不降有孔甲等十幾個兒子，可是他認為這些兒子沒有一個比得上弟弟扃（jiōng）的，於是他傳位給了扃。

比太爺爺還迷信
叔叔扃繼位後，孔甲希望自己也能當上君王，於是每天求神拜鬼。結果，扃把王位傳給了自己的兒子。扃的兒子死後，孔甲才順利當上王。

快把王位傳給我，快把王位傳給我。

15

暴君出現啦

快幹活！

敗家子的誕生

夏桀（jié）是夏朝的最後一位君主，他不像父親那樣賢明，常拆毀宮殿，用材料去建高樓，還去民間搜集美女。

紅顏禍水

相傳，夏桀的妃子妺（mò）喜是歷史上第一位堪稱紅顏禍水的妃子，夏桀對她寵愛有加。

妺喜的愛好

喜穿男裝

讓 3000 勇士在豪華的大酒池裏喝酒

愛聽昂貴繒帛（zēng bó）被撕裂的聲音

為糧出走的夏人

因為無法忍受夏桀的暴虐，商國的商湯決心攻打夏桀。他的臣子伊尹想出一個妙計：他用商國婦女織出的絲綢，換取夏朝的糧食，最後人民都跟着有糧食吃的商湯走了。

跟着我有糧吃。

變身間諜

夏桀新得到兩位美女後，開始冷落妹喜。妹喜便向商國大臣伊尹泄露夏朝的機密，成了間諜。

階下囚商湯

得知商湯想攻打自己，夏桀把他囚禁起來。商國大臣伊尹和仲虺（huǐ）送給夏桀許多金銀珠寶和美女，商湯才被釋放。

夏朝滅亡了

其他諸侯國非常擔心，怕夏桀也囚禁自己，於是都投靠了商湯，和商湯一起攻打夏桀。打敗夏桀後，善良的商湯沒有殺死他，而是流放了他。

我的時代結束了。

英雄惜英雄

老祖宗的故事

商人的始祖是契（xiè），契的母親叫簡狄，是帝嚳的妃子。傳說，一次她到河裏洗澡時，吃了燕子下的蛋，因而懷孕，生下了契。契後來因助大禹治水有功，被封在了商地。過了很多年後，商湯在商地出生了。

商湯與伊尹

商湯聽說有莘（shēn）氏的伊尹是個賢能的人，便叫彭氏的兒子駕車，一起去見伊尹。彭氏的兒子卻說伊尹只是個奴隸，下令召見他就行。商湯就生氣地把彭氏的兒子趕下了車。

> 你下去！

> 伊尹只是個奴隸，還用您親自去見？

商湯三次見伊尹，都沒能使伊尹跟隨他。於是商湯決定與有莘氏通婚，這樣伊尹就能作為陪嫁的奴隸來到自己身邊。最終，伊尹成為商湯的宰相。

商湯

伊尹

> 你當了天子，我們就有新的食材啦！

伊尹當奴隸時學習過烹飪，是一位精通烹飪的大師。他曾背着廚具為商湯做飯，藉着烹調技巧為比喻，來分析天下形勢與治國道理，並勸商湯攻打夏朝。

國君仲虺

仲虺本是薛國國君，聽說商湯是個賢明的人後，便去投奔他。最後仲虺也成了商湯的宰相。

進攻前需要做準備

商湯為了打敗夏，在亳（bó）建造新的都城，並開始積蓄糧草，製造兵器，召集人馬，訓練軍隊。

全民偶像商湯

商湯的軍隊征伐夏的時候得到了天下人民的擁護，人民都盼望他來征伐自己的地方。他攻打東邊，西邊的人就說：「甚麼時候來攻打我們這裏啊？」他攻打南邊，北邊的人就翹首以待。

商的誕生

商湯流放夏桀，滅掉夏朝後，建立了歷史上第二個朝代 —— 商。商湯建立商朝後，吸取夏朝滅亡的教訓，好好對待百姓，人民都很愛戴他。

做個好孩子

就知道玩！給我到桐宮反省去！

太甲

妖怪樹

太戊在位時，桑、穀（gǔ）兩樹突然長在一起，太戊很害怕，伊尹的兒子便對他說，妖怪無法戰勝德行好的君主，於是太戊開始努力修德行善，桑、穀兩樹最後枯死。

被放逐的帝王

商湯的長孫太甲當上王後，只知道享樂，不遵守商湯定的法令，於是已是四朝宰相的伊尹便把他放逐到桐宮。三年後，太甲悔過自新，伊尹才把政權交還給他。

經常搬家的商王朝

因王朝衰弱、內部矛盾、黃河氾濫等原因，商朝經常搬首都。到盤庚當君王時，商朝將首都搬到殷，之後商人一直在殷地生活，因此商朝又被稱為「殷」或「殷商」。

武丁微服私訪記

盤庚死後，國家開始衰敗。過了數十年，到了武丁即位時，商朝才又繁榮起來。武丁從小就很聽父親的話，常去民間體驗生活。他與平民一同勞作，瞭解了許多民間疾苦。

我一定要當個好君主！

沒錯，沒錯！

父親煮的雞湯最鮮美了。

彭祖

相傳彭祖是歷史上最長壽的人，從堯舜時期一直活到了商朝，善於養生和烹飪。

傳說

不說話的帝王

武丁即位後沒找到稱職的大臣，於是三年都沒有說話，政事全由大臣決定，自己每天只觀察國家的風氣。一天夜裏，武丁夢見了一位名叫說（yuè）的聖人，於是下令命人尋找他。最終，武丁在傳險這個地方找到了身為囚犯的說，為他起名傳說並讓他擔任國相。

天哪！大王終於說話了！

找到他。

父王別怕！

野雞登鼎

一次，一隻野雞突然飛到祭祀用的鼎上鳴叫，武丁覺得不祥很害怕，他的兒子便對他說只要努力工作，愛護百姓就不會發生甚麼不好的事。於是武丁更加勤勞地處理政事，商朝更興盛了。

厲害的商王朝

發達的畜牧業

商朝的畜牧業十分發達，馬、牛、羊、豬的數量都比夏朝多，商人還發明了牛車和馬車。他們甚至還馴服了大象，並開始人工養魚。

甲骨文

把占卜結果寫在龜甲與獸骨上，是商朝人發明的古老文字。

迷信的商人

商人信奉鬼神，凡事都喜歡占卜，每年都會詢問神靈「今年能豐收嗎？」等問題。

善於經商的商人

由於商族人善於經商，外族部落的人就把生意人稱為商人。這個代稱一直流傳至今時今日。

種田的好辦法

一塊土地耕種一年，然後讓它休息一至兩年，再重新耕種。這個方法能令農作物產出更穩定和增加。

四羊方尊

后母戊鼎

小臣艅（yú）犀尊

青銅器

商朝是青銅器發展的鼎盛期。

有糧就釀酒

糧食產量的增加讓商人很高興，他們開始大量釀酒，建了很多釀酒作坊。酒器也開始逐漸增多，商朝慢慢形成了飲酒的社會風氣。

今年種小米，明年就種小麥吧。

製陶技術

商朝人的製陶技術也相當厲害，生產出大量美觀、實用的陶器來。陶器的顏色、花紋也愈來愈豐富了。

虎形玉佩

銅柄玉戈

玉器

中國很久以前就有玉器，到了商朝，玉器的雕琢更加精細了。

王后的多重祕密身份

王后

商王武丁的妻子婦好又名妌（bǐ）辛，兩人十分恩愛，武丁常為她的健康占卜。

> 婦好扶着頭，生病了嗎？

> 婦好的牙齒不會有事吧？

> 婦好打噴嚏了，是不是要生病了？

婦好傷風時，武丁十分擔心她會生病。

婦好牙疼時，武丁會擔心地燒龜甲為她占卜。

婦好打噴嚏時，武丁也會用龜甲為她占卜。

將軍

婦好是歷史上有據可查的第一位女將軍。她曾為武丁率軍攻打過土方、羌等多個部族，每次都能大勝敵軍。武丁封她為商朝統帥，讓她率領軍隊征討作戰。

婦好的陪葬品

婦好去世後，武丁十分悲痛，他在婦好的墓中放了許多珍貴的陪葬品。

婦好銅鉞（yuè）
由兵器和工具演變為權力的象徵，相傳婦好能拿起重9公斤的銅鉞。

跪坐玉人
椅子出現前，人們都是跪坐着的。

玉韘（shè）
可套在拇指上，射箭時用以扣住弓弦，可防止弓弦擦傷手指。

婦好銅鏡
銅鏡出現前，人們都是用器皿盛水當鏡子的。

鴞（xiāo）尊
鴞（貓頭鷹）造型的盛酒器。鴞是商人喜愛和崇拜的神鳥。

把這些都拿給大王。

貴族

武丁不因為婦好是自己的妻子就不獎勵她的功勛，他給她劃分了封地。婦好擁有自己的封地、財產、田地和奴隸後，還會定期向丈夫武丁交納一定的貢品。

父親快來抓我呀！

祭司

婦好經常受命主持祭天、祭先祖等各類祭典，並擔任占卜之官。

母親

婦好還是一位好母親，為武丁生下了兒子與女兒。

青銅器本來的顏色是黃色，在地下埋藏的時間久了，就會因氧化而變色。

魚龍紋銅盤
盛水用的水器。

陶塤（xūn）
中國較早出現的吹奏樂器，多用陶土燒製而成。

象牙杯
用象牙根部製成，飲酒的用具。

骨笄（jī）
骨製的簪子，可用來綰（wǎn）長髮。

玉梳
原始的梳子。

25

商王們的那些事兒

打破迷信的王

武乙繼位後，由於傲慢，常常做出許多侮辱天神的事來。有一次武乙製作出一個木偶人，把它當作天神跟它下棋。由於木偶沒法下棋，武乙就讓別人替它下，每次替木偶下棋的人輸了，武乙就會對着木偶侮辱天神。

武乙曾命人製作皮革袋，並在裏面盛滿血，然後用箭射它，武乙把這項活動稱為「射天」。

傳說，一次武乙去打獵，突然空中打起雷來，武乙被雷擊中而死。

餓死功臣的王

季歷是周國的首領，為商朝打敗了很多敵人，立下多次戰功。季歷越來越厲害，令商王文丁感到受威脅，就囚禁了他，最終餓死了他。

兒子與兒子

季歷的兒子姬昌（西伯侯）即位後攻打商國，想為父報仇。但是他最終被文丁的兒子帝乙打敗了。

妹妹與和平

帝乙打敗姬昌後，另一邊又來了敵人。帝乙不想兩面受敵，便把妹妹嫁給姬昌，希望兩國交好。姬昌為迎娶公主，建造了歷史上的第一座橋。

庶出與嫡出

帝乙的大兒子是微子啟，啟的母親生他時身份是妾，所以微子啟為庶（shù）出。等到生小兒子帝辛時，她成了王后，所以帝辛為嫡（dí）出。儘管帝乙更想讓長子微子啟繼承王位，但是大臣們覺得微子啟是庶出，都不同意，帝乙沒有辦法只好立小兒子帝辛為王。

紂王成長史

帝辛從小就很聰明，口才好，行動迅速，並且力氣大得能徒手與猛獸格鬥。帝辛十分驍勇善戰，他當上國君後，令商朝的勢力範圍大增。後來世人稱他為紂王。

動盪的年代

象牙筷子使不得

紂王有一雙象牙筷子，大臣箕（jī）子看到後一直很擔憂，他害怕紂王用了象牙的筷子就會想配上犀牛角杯或玉杯用，有了玉杯又想配昂貴的食物，吃了昂貴的食物又想要穿華麗的衣服，最後還想住上寬敞的房屋和高台。結果幾年後，紂王果真開始奢侈（chǐ）浪費，昏庸起來。

美女妲（dá）己

妲己是紂王非常喜愛的妃子，紂王很聽她的話。妲己喜歡的人，紂王尊崇他；妲己討厭的人，紂王便殺掉他。

紂王的愛好

紂王好喝酒，建造了酒池肉林，常和妲己在此玩耍。

紂王讓樂師為他作新的俗樂和舞曲，又花費很多人力物力建造高樓，還加重人民的賦稅，用錢把鹿台堆得滿滿的。

紂王增加刑罰後，設置了名叫炮烙（luò）的酷刑。

叔叔的心

紂王的行為嚇怕眾人，兄長微子啟便投奔周國，大臣箕子怕被殺掉只好裝瘋，只剩下紂王的叔叔比干拼死勸諫。相傳紂王聽說聖人的心有七孔後，便挖出了比干的心觀看。

> 我想看看王叔的心長甚麼樣。

微子啟　　箕子　　比干

和爸爸一樣被囚禁

在西伯侯姬昌的努力下，周國慢慢強盛起來，紂王很擔心姬昌的威望會超過自己，便把姬昌囚禁在羑（yǒu）里這個地方。周國的大臣為救姬昌向紂王獻上美女與寶物，紂王很高興，於是放走了姬昌。

商朝結束了

周國變得越來越強大，姬昌的兒子姬發最後率軍攻下商朝首都朝歌。紂王穿上華麗的衣服，在鹿台自焚而死，商朝滅亡。

寧可餓死的兩個人

商亡後，商朝的臣子伯夷和叔齊認為姬發以下犯上，不合禮制，不願吃周的米，最後就餓死了。

> 我們不吃周朝的米。

站在巨人肩上的周朝

始祖后稷的故事

相傳周人的祖先是后稷。有一天，后稷的母親在地上看到一個巨人的腳印，她覺得很好奇就踩了上去，結果懷孕了，然後生下后稷。后稷長大後輔佐堯和舜，成了掌管農業的官，也成了周人的始祖。

好爸爸姬昌

周氏首領西伯侯姬昌非常勤政愛民，經常和百姓一起耕種。在姬昌的努力下，周國成了一個強盛的國家。商紂王發明炮烙的酷刑後，姬昌不忍百姓受苦，於是獻上自己的土地，希望紂王能廢去炮烙之刑，姬昌因此受到百姓的愛戴。

終於得救了。

西伯侯真是個大好人啊。

姬昌的美好名聲越傳越廣，像姜子牙等有才能品德的人都願意投靠他。姬昌又平定了周邊的一些國家，讓兒子姬發在繼位後能無後顧之憂，專心對付商朝。正是由於姬昌的努力，才有了之後周朝的誕生。

姜太公釣魚

有一次，姬昌在渭（wèi）水旁碰到了正在垂釣的姜子牙，姜子牙用不掛魚餌的直魚鈎釣魚，並且離水三尺遠。姬昌很好奇，便與姜子牙交談起來，交談後姬昌斷定他是位奇才，於是尊他為太師。最後，姜子牙成了姬昌之子姬發的老師，幫助姬發滅商。

《封神榜》裏的英雄人物

雷震子

楊戩

姜子牙

哪吒

明·許仲琳

《封神演義》

俗稱《封神榜》，相傳為明朝許仲琳所寫，描寫了武王伐紂的故事。

牧野之戰

姬昌死後，被諡（shì）為文王。他的兒子姬發繼承了他的遺志，在紂王的暴行越來越嚴重的時候進行了討伐，姬發與紂王在牧野進行決戰。紂王軍隊的大多數人都在牧野之戰中背叛了紂王，姬發成功地攻下朝歌，成了周武王。周朝誕生了！

我們去投靠姬發吧！

諸侯是甚麼

分封制與諸侯國

周武王姬發建立周朝後，把國土劃分為不同區域，封賞給王親貴族與功臣，讓他們管治這些地方，稱為「諸侯國」。武王封姜子牙於齊國，封弟弟周公旦於魯國，封召公奭（shì）於燕國，封弟弟叔鮮、叔度於管國、蔡國。其他人也都依次受封。

公
侯
伯
子
男

諸侯

諸侯是各諸侯國國君的統稱，分為公、侯、伯、子、男五個等級。諸侯需要服從天子命令，定期到王宮朝見天子，並向天子送禮物。

弟弟的作用

為了安置商朝遺留下來的人民，武王將紂王的兒子武庚封於殷地，並安排自己的三個弟弟管叔鮮、蔡叔度、霍叔處監視武庚，稱之為三監。

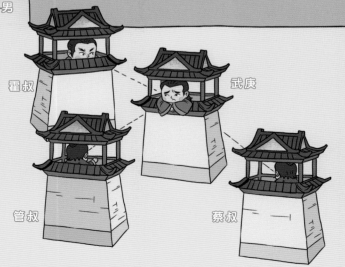

霍叔
武庚
管叔
蔡叔

哥哥生病拜鬼神

周公，名叫姬旦，是武王的弟弟，常幫助武王處理政務。滅商後的第二年，武王生了重病，周公向先祖禱告，說自己願意代替武王死，並且比起武王，自己更柔順巧能，多才多藝，可以侍奉好鬼神，希望先祖帶走自己留下哥哥。周公禱告完的第二天，武王的病就好了。

出生要趁早

周朝規定王位必須由嫡長子（正妻生的大兒子）繼承。天子之位由嫡長子繼承後，其他兒子會被封為諸侯。天子將土地分給諸侯後，諸侯會把自己的土地封給卿大夫，卿大夫再把自己的土地分給士。諸侯的位子也會由他們的嫡長子來繼承。

老大，我的諸侯之位就交給你了！

我咋啥也沒有啊。

天子　諸侯　大夫　士　庶民

變成大國的齊國

姜子牙到齊國後，把齊國治理得井然有序，還發展了齊國漁業、鹽業的優勢。因此有很多人民都歸順齊國，齊國成了大國。

姜子牙

33

天下歸心

叔叔與姪子

武王死後，兒子姬誦即位為成王。但是當時成王年紀還很小，能力不足，周公害怕諸侯叛變，於是暫時先替代成王處理國家大事。

指南車

又稱司南車，相傳是周公所造，用來指示方向，不論車子轉向何方，車上木人的手都始終指向南方。

周公

三監之亂

紂王的兒子武庚不甘心做周朝的臣子，正好管叔鮮、蔡叔度和霍叔處也對周公姬旦非常不滿，幾人便聯合起來造反。周公只好領兵出征，平定了這場「三監之亂」。

成康之治

周公攝政七年後，把權力還給已經長大的成王，自己重新站在臣子的位子上。等到成王的兒子康王即位時，他向諸侯反覆宣傳周文王、周武王的功業。成、康兩王在位時，周朝國力強盛，經濟繁榮，天下安寧，國家四十多年都沒有使用刑罰。

士昏禮

周公說你只能吃這麼多。

喪服

公食大夫禮

周公制禮

周公攝政時，設立了各方面的制度，完善了宗法制、分封制、嫡長子繼承法和井田制，還規定不同身份的人應遵行不同的禮儀，最終形成等級制度。

周公創建了一整套包括飲食、起居、祭祀、喪葬等的禮樂制度，以此來規範人們的行為。

跟着樂聲起舞吧

周公在「制禮」之餘又「作樂」，制定了十分嚴格的樂舞制度。比如參加祭祀典禮時，不同階級的人所用的樂舞人數也不同：天子用八佾（yì），諸侯用六佾，大夫用四佾（佾即樂舞的行列）。在周朝，不同場合、身份的人所用的音樂、樂器都不相同。

《雲門舞》
舞樂如果演奏六遍，天神就會下凡。

《干舞》
用來祭山川的舞，舞者會持盾牌。

招待諸侯時，會安排有關樂器演奏，這是宴飲賓客之禮。

舉行射禮時，會演奏《騶虞（zōu yú）》作為君王射箭的節奏。

《帗（fú）舞》
用來祭祀社稷的舞蹈。

《皇舞》
祈雨的舞蹈。

《人舞》
以舞袖為主。

連年吃苦的百姓

井田制
周朝的井田制規定井田屬周天子所有，分配給領主使用後，領主可讓庶民去耕種，但是管理井田的領主不得買賣和轉讓井田，並且還需交一定的貢賦。

交稅交稅啦！

西王母
相傳周穆王西巡時會見了西王母。

井田
把耕地劃分為多塊的方田，周圍有經界，中間有水溝，道路和渠道縱橫交錯，形狀像「井」字，因此稱作「井田」。

如同失敗的勝利
周穆王即位後不聽大臣的勸告，決定西征犬戎。雖然周軍勝利了，但是最後只得到四匹白狼與四隻白鹿。因為這件事，周王朝在外族中失去了威信，邊遠國家從此不再來朝見周穆王。由於周朝常年征討，天子不在朝堂，導致周朝朝政鬆弛，百姓受苦。

周軍太可惡了！

以後不去朝見他們的天子了！

貪財的周厲王

周厲王是周朝第十位君主，他非常貪財，將大山、森林、河川、湖泊的出產全部據為己有，不准百姓以捕魚打獵等為生。

周厲王暴虐成性，奢侈傲慢，百姓都紛紛議論他的過失，周厲王因此很生氣，開始讓巫士監視百姓，並殺掉說自己壞話的人。從此以後，國都中的人都不敢說話，走在路上只敢用目光互相示意。

過了三年，百姓暴動，襲擊了周厲王。周厲王就逃到彘（zhì）地去了。

這就是太子。

太子靜

召穆公

兒子與太子

周厲王逃走後，兒子太子靜便躲在大臣召穆公的家裏，百姓知道後圍住了召穆公的家，召穆公只好讓自己的兒子代替太子靜死，太子靜才逃過這一劫。

快跑！

相國與王的故事

召公和周公

周厲王逃了，太子靜年紀又太小，害怕國家混亂，因此召穆公、周定公兩位國相只好共同執政，一起處理周朝的大小事務，這段時間的年號被稱為「共和」。

我可是周公的子孫！

周定公

你可別給祖宗我丟臉啊！

周公
周定公是周公的後代，因周公的封地在周，所以他的後代也都被稱為周公。

召公
召穆公是召公奭的後代，因此他也被稱為召公，為周朝掌管國家政事。

太子變宣王

太子靜小時候一直在召穆公家生活，長大後召穆公、周定公立他為王，即周宣王。兩位國相一起輔佐他，諸侯又開始重新歸附於周朝。周朝開始了宣王中興的局面，再次變得強大。

謝姓始祖

申伯為「宣王中興」做出了許多貢獻，備受周宣王的重用。後來申伯被封往謝邑，不僅成了申國的開國君主，還成了謝姓始祖，他的子孫後代都以謝為姓氏。

姜后的簪子

周宣王的王后姜后十分賢惠，有美德。周宣王每天都早睡晚起，留在後宮中不願離開，於是姜后摘下髮簪和耳環，說都是因為自己王才每天晚起上朝，自己生怕此事會引發禍亂，所以請周宣王治自己的罪。周宣王聽後十分慚愧，於是每天都早起上朝，在政事上也變得更加勤奮了。

淮夷造反了

東方的淮夷族作亂，周宣王便命召穆公領兵出征。召穆公平定淮夷後，周宣王賞賜給他許多禮物。

西周搬家啦

美人褒姒（bāo sì）

周宣王死後，他的兒子周幽王即位。周幽王很寵愛妃子褒姒，因此當褒姒為他生下兒子後，周幽王立即廢黜（chù）自己原本的王后和太子，立褒姒為后，立褒姒生的兒子為太子。

不愛笑的美人

褒姒非常不愛笑，所以周幽王想了許多辦法讓褒姒笑起來。可是周幽王無論是出入王宮與褒姒同乘一輛馬車，不理政事騎馬射獵逗她，還是每天讓人跳舞娛樂，褒姒都沒有笑。

烽火戲諸侯

周幽王曾設置烽火與大鼓，目的是當敵人來襲時，可以此通知諸侯前來救援。但是周幽王僅為了博褒姒一笑便點燃了烽火。褒姒見到諸侯趕到卻發現沒有敵人的狼狽樣子，終於大笑不止。周幽王為了讓褒姒再笑起來，又多次點燃烽火。後來諸侯都變得不再信任周幽王了。

42

騙人的後果

周幽王任用奸臣做官和主持國政，使得國都中的人都很生氣。王后的父親申侯因為周幽王廢黜王后和太子，轉而立褒姒為后的事情發怒，於是便聯合犬戎一起攻打周幽王。

申侯與犬戎攻打周幽王時，周幽王點燃烽火想要征召諸侯的軍隊前來援救，但是諸侯多次受騙後，都不肯來。最後，周幽王被殺死在驪山腳下。

東周的誕生

諸侯與申侯共同擁立前任太子繼位，是為周平王。周平王在位時，周王室開始衰敗。

為躲避犬戎的侵襲，周平王將周朝的都城從鎬（hào）京向東搬遷到洛邑。東遷之後的周朝，被稱為東周，而東周之前的周朝則被稱為西周。

鎬京　　　　　　　　　　　　　　　洛邑

43

詩經的故事

《詩經》是中國古代詩歌總集的開端，是最早的一部詩歌總集，收集了自周初至春秋中葉的詩歌。內容分為《風》《雅》《頌》三個部分。

關雎（jū）

關關雎鳩（jiū），在河之洲。
窈窕（yǎo tiǎo）淑女，君子好逑（qiú）。

《關雎》描寫了男子對女子的相思與追求。

擊鼓

要上戰場了，拉好我的手。

死生契闊，與子成說。
執子之手，與子偕老。

《擊鼓》是遠征他國的士兵所唱的思鄉之歌，描寫了戰士間互相勉勵與同生共死的感情。

桃夭（yāo）

桃之夭夭，灼（zhuó）灼其華。
之子於歸，宜其室家。

恭喜啊！

《桃夭》是祝賀年輕姑娘出嫁的詩，寫出了新嫁娘與家人之間的和睦相處。

好冷啊！

七月

七月在野，八月在宇，九月在戶，十月蟋蟀入我床下。

《七月》描寫了周朝的農業場景與農民的勞作。七月的時候小蟋蟀和農民一起在田野裏。當天氣轉涼時，蟋蟀開始到屋簷下、門口躲着。到了十月，蟋蟀害怕寒冷，便藏到了床底下。

母親辛苦了。

凱風

凱風自南，吹彼棘（jí）心。
棘心夭夭，母氏劬（qú）勞。

《凱風》是一首歌頌母親的詩，講述了母親辛苦養育了七個兒子，兒子長大了，母親也累壞了。

采薇

昔我往矣，楊柳依依。
今我來思，雨雪霏霏。

《采薇》講述的是將士打完仗開始返鄉的故事。這首詩寫出了將士十分艱辛的生活，和一直未能歸家的原因。

卷耳

采采卷耳，不盈頃筐。
嗟（jiē）我懷人，寘（zhì）彼周行。

《卷耳》中的女子在採卷耳時，忽然想起了遠行在外的丈夫，想像着丈夫在外的各種艱辛。

世界大事記

1. 大約 500～600 萬年前，森林古猿一部分進化成了黑猩猩，一部分慢慢地進化成了智人，有人認為這就是現在我們的祖先。

2. 約公元前 3300 年，蘇美爾人在美索不達米亞平原上生活，他們種植豐富的穀物和作物，還發明了楔（xiē）形文字。

7. 公元前 18 世紀，古巴比倫國王漢謨拉比頒佈《漢謨拉比法典》。這是最具代表性的楔形文字法典，也是世界上較為完整地保存下來的最早的一部成文法典。

8. 公元前 1050 年左右，腓尼基人發明了 22 個字母，並開始傳播。它們是現代 26 個字母的原型。

9. 公元前 10 世紀，亞述帝國誕生。亞述人先後征服了小亞細亞東部、敘利亞、腓尼基等地區。

3. 約公元前 3100 年，美尼斯建立埃及，開創了古埃及的第一王朝。

4. 約在公元前 30 世紀，愛琴海地區出現米諾斯文明（克里特文明），這是希臘最早的文明。

6. 公元前 2000 年左右，西亞地區的遊牧民族希伯來人創立了猶太教。

5. 約在公元前 27 世紀，埃及的法老左塞爾下令修建金字塔作為自己的陵墓。

10. 公元前 776 年，希臘舉行了第一屆奧林匹亞運動會，它就是奧運會的前身。

夏・商・西周 大事年表

約公元前 2070 年，夏朝誕生，世襲制取代禪讓制。

公元前 1600 年，商湯滅夏，商朝誕生。

公元前 1300 年，商王盤庚遷都殷。

公元前 1250 年，武丁即位，開始中興商朝。

公元前 1046 年，周武王伐紂，建立周朝。

公元前 1042 年，周成王即位，開啟「成康之治」。

公元前 843 年，周厲王的暴虐造成了國人暴動。

公元前 841 年，召公、周公共理朝政，號稱「共和」。

公元前 771 年，周幽王被殺，西周滅亡。

注：本書歷代紀元以《現代漢語詞典》(第 7 版) 為參考依據。